In my community

PLAYGROUND KINDNESS

En mi comunidad

AMABILIDAD EN EL PARQUE

Miranda Kelly
Translated by/
Traducción de:
Pablo de la Vega

A Crabtree Seedlings Book
Un libro de El Semillero de Crabtree

Crabtree Publishing
crabtreebooks.com

Our parents teach us **manners.**

Nuestros papás nos enseñan **buenos modales.**

They teach us to be helpful and kind.

Nos enseñan a ser serviciales y amables.

Good manners help us get along with others.

Los buenos modales nos ayudan a llevarnos bien con los demás.

Use your manners
on the playground.

Usa tus buenos modales
en el parque.

Take **turns** and be fair.

Espera tu **turno** y sé justo.

You're next!

¡Eres siguiente!

Do your part to keep the playground clean.

Haz tu parte para mantener el parque limpio.

Be sure to **share.**

Asegúrate de **compartir.**

Look out for each other.

Cuida de los demás.

Be a **good sport**.

Sé un **buen jugador**.

Good game!

¡Buen juego!

Practice playground kindness every day.

Practica la amabilidad en el parque cada día.

Glossary / Glosario

good sport (GOOD SPORT): A good sport is someone who uses good manners even when they lose.

buen jugador: Un buen jugador es alguien que usa buenos modales, incluso cuando pierde.

manners (MAN-urz): When you use good manners, you are acting polite and kind.

buenos modales: Cuando usas buenos modales, actúas con amabilidad y bondad.

share (SHAIR): When you share, you are using something with someone else.

compartir: Cuando compartes, usas algo con alguien más.

turns (TURNZ): Turns are chances to do something.

turno: Los turnos son oportunidades de hacer algo y tener orden.

Index

Índice analítico

School-to-Home Support for Caregivers and Teachers

This book helps children grow by letting them practice reading. Here are a few guiding questions to help the reader build his or her comprehension skills. Possible answers appear here in red.

Before Reading

- **What do I think this book is about?** I think this book is about being kind to others. It is about how to get along with others on a playground.
- **What do I want to learn about this topic?** I want to learn about different ways to be kind to others.

During Reading

- **I wonder why...** I wonder why the children on pages 16 and 17 are sad.
- **What have I learned so far?** I have learned that some ways to be kind are to share, take turns, and use manners.

After Reading

- **What details did I learn about this topic?** I learned that good manners teach us how to be helpful and kind. They help us get along with others.
- **Read the book again and look for the vocabulary words.** I see the word *turns* on page 11 and the word *share* on page 14. The other vocabulary words are found on pages 22 and 23.

Apoyos de la escuela a los hogares para cuidadores y maestros

Este libro ayuda a los niños a crecer permitiéndoles practicar la lectura. A continuación se presentan algunas preguntas orientativas para ayudar al lector a desarrollar su capacidad de comprensión. Las posibles respuestas que aparecen aquí están en color rojo.

Antes de leer

- **¿De qué piensas que tratará este libro?** Pienso que este libro es sobre la amabilidad hacia los demás. Es acerca de cómo llevarse bien con los otros en el jardín de juegos.
- **¿Qué quiero aprender sobre este tema?** Quiero aprender sobre las distintas formas de ser amable con los demás.

Durante la lectura

- **Me pregunto por qué...** Me pregunto por qué los niños de las páginas 16 y 17 están tristes.
- **¿Qué he aprendido hasta ahora?** Aprendí que algunas maneras de ser amable son compartir, esperar tu turno y tener buenos modales.

Después de leer

- **¿Qué detalles aprendí de este tema?** Aprendí que los buenos modales nos enseñan a ayudar a los demás y a tratarlos con respeto. Nos ayudan a llevarnos bien con todos.
- **Lee el libro de nuevo y busca las palabras del vocabulario.** Veo la palabra *turno* en la página 11 y la palabra *compartir* en la página 14. Las demás palabras del vocabulario están en las páginas 22 y 23.

Crabtree Publishing

crabtreebooks.com 800.387.7650

Hardcover 978-1-0398-6922-6
Paperback 978-1-0398-6901-1
Ebook (pdf) 978-1-0398-6943-1
Epub 978-1-0398-6964-6

Library and Archives Canada Cataloguing in Publication
Available at the Library and Archives Canada

Library of Congress Cataloging-in-Publication Data
Available at the Library of Congress

Published in Canada
Publicado en Canadá
Crabtree Publishing
616 Welland Avenue
St. Catharines, Ontario
L2M 5V6

Published in the United States
Publicado en los Estados Unidos
Crabtree Publishing
347 Fifth Avenue
Suite 1402-145
New York, NY 10016

Written by/Escrito por: Miranda Kelly
Translated by/Traducción de: Pablo de la Vega
Spanish-language copyediting and proofreading/ Maquetación y corrección en español: Base Tres

Photographs/Fotografías: Pages 2-3 © istock.com/KatarzynaBialasiewicz, page 4 © istock.com/3sbworld, page 5 © istock.com/monkeybusinessimages, pages 6-7 © istock.com/bowdenimages, page 9 © g istock.com/pointstudio, page 10 © istock.com/monkeybusinessimages, page 12 © istock.com/joebelanger, pages 14-15 © istock.com/Rawpixel, shutterstock.com/antoniodiaz, page 16 © 589088442, page 17 © Ljupco, page 19 © Wavebreakmedia, pages 20-21 © dolgachov. All photos from istockphoto.com except: Cover and page 12-13 © Rawpixel.com, both from Shutterstock.com

Printed in Canada/Impreso en Canadá
012025/CP20250101